Impressum
Verlag: BABADADA GmbH, Nedderfeld 112 , 22529 Hamburg
Geschäftsführer / Verlagsleitung: Harald Hof
Druck: Books on Demand GmbH, In de Tarpen 42, 22848 Norderstedt

Imprint
Publisher: BABADADA GmbH, Nedderfeld 112 , 22529 Hamburg, Germany
Managing Director / Publishing direction: Harald Hof
Print: Books on Demand GmbH, In de Tarpen 42, 22848 Norderstedt, Germany

kool

mokykla

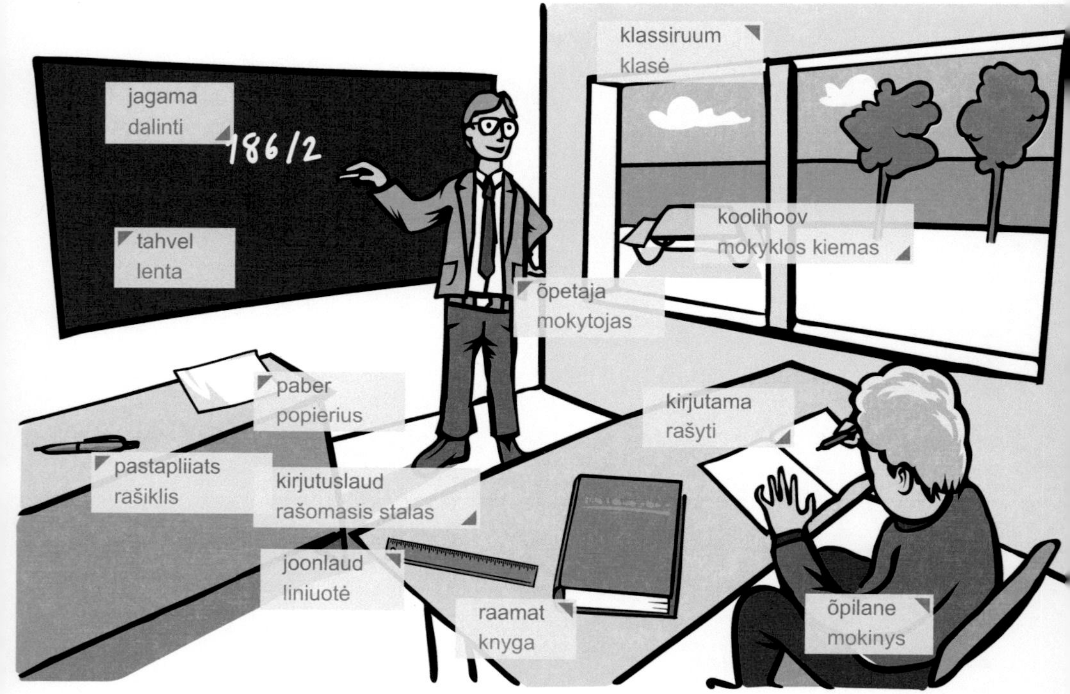
klassiruum
klasė
jagama
dalinti
186/2
tahvel
lenta
koolihoov
mokyklos kiemas
õpetaja
mokytojas
paber
popierius
kirjutama
rašyti
pastapliiats
rašiklis
kirjutuslaud
rašomasis stalas
joonlaud
liniuotė
raamat
knyga
õpilane
mokinys

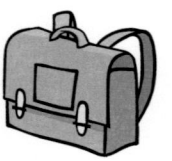

koolikott

kuprinė

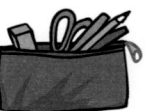

pinal

penalas

harilik pliiats

pieštukas

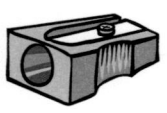

pliiatsiteritaja

drožtukas

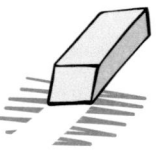

kustukumm

trintukas

joonistusplokk

piešimo bloknotas

joonistus

piešinys

pintsel

teptukas

värvikarp

dažų dėžutė

käärid

žirklės

liim

klijai

töövihik

vadovėlis

kodutöö

namų darbai

number

numeris

liitma

pridėti

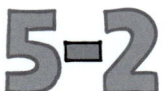

lahutama

atimti

korrutama

dauginti

arvutama

skaičiuoti

täht

raidė

tähestik

abėcėlė

sõna

žodis

tekst

tekstas

lugema

skaityti

kriit

kreida

koolitund

pamoka

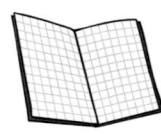

klassipäevik

dienynas

eksam

egzaminas

tunnistus

pažymėjimas

koolivorm

mokyklinė uniforma

haridus

išsilavinimas

entsüklopeedia

enciklopedija

ülikool

universitetas

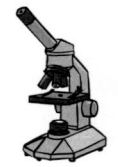

mikroskoop

mikroskopas

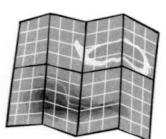

kaart

žemėlapis

paberikorv

šiukšliadėžė

hotell
viešbutis

Grand

hostel
svečių namai

ROOMS

valuutavahetuspunkt
valiutos keitykla

EXCHANGE

kohver
lagaminas

auto
mašina

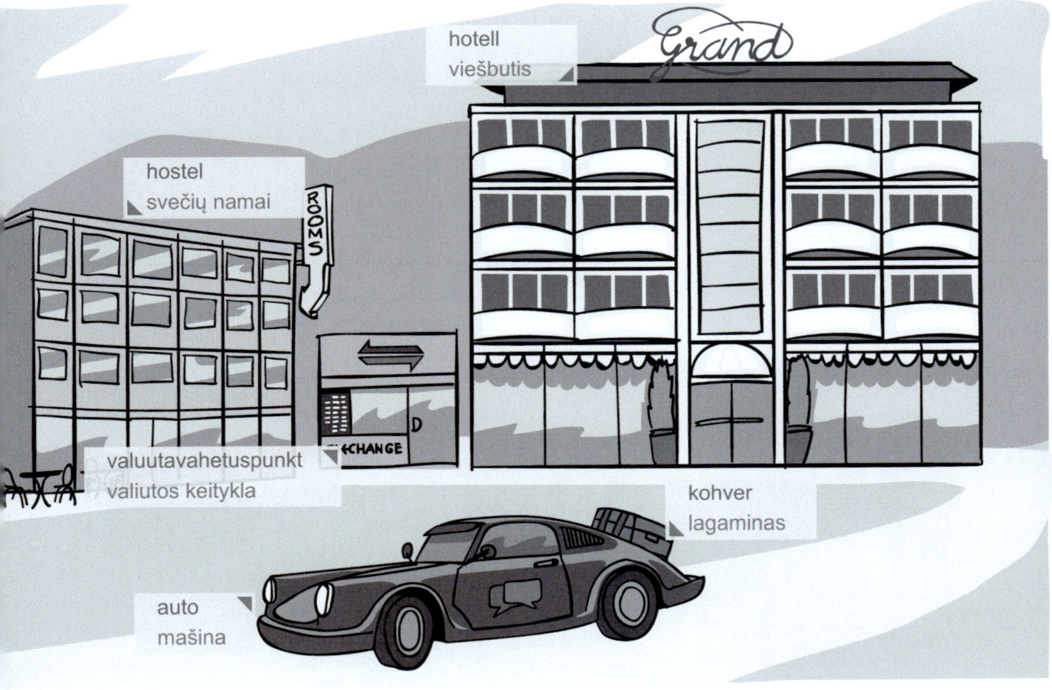

keel

kalba

jah / ei

taip / ne

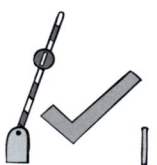

okei

Gerai

Tere!

sveiki

tõlk

vertėjas raštu

Aitäh!

Ačiū

Kui palju maksab ...?

kiek kainuoja...?

Ma ei saa aru

aš nesuprantu

probleem

problema

Tere õhtust!

Labas vakaras!

Tere hommikust!

Labas rytas!

Head ööd!

Labos nakties!

Head aega!

viso gero

suund

kryptis

pagas

bagažas

kott

krepšys

seljakott

kuprinė

külaline

svečias

tuba

kambarys

magamiskott

miegmaišis

telk

palapinė

turismiinfo

turizmo informacija

rand

paplūdimys

krediitkaart

kreditinė kortelė

hommikusöök

pusryčiai

lõunasöök

pietūs

õhtusöök

vakarienė

pilet

bilietas

lift

liftas

postmark

pašto ženklas

riigipiir

siena

toll

muitinė

saatkond

ambasada

viisa

viza

pass

pasas

transport
transportas

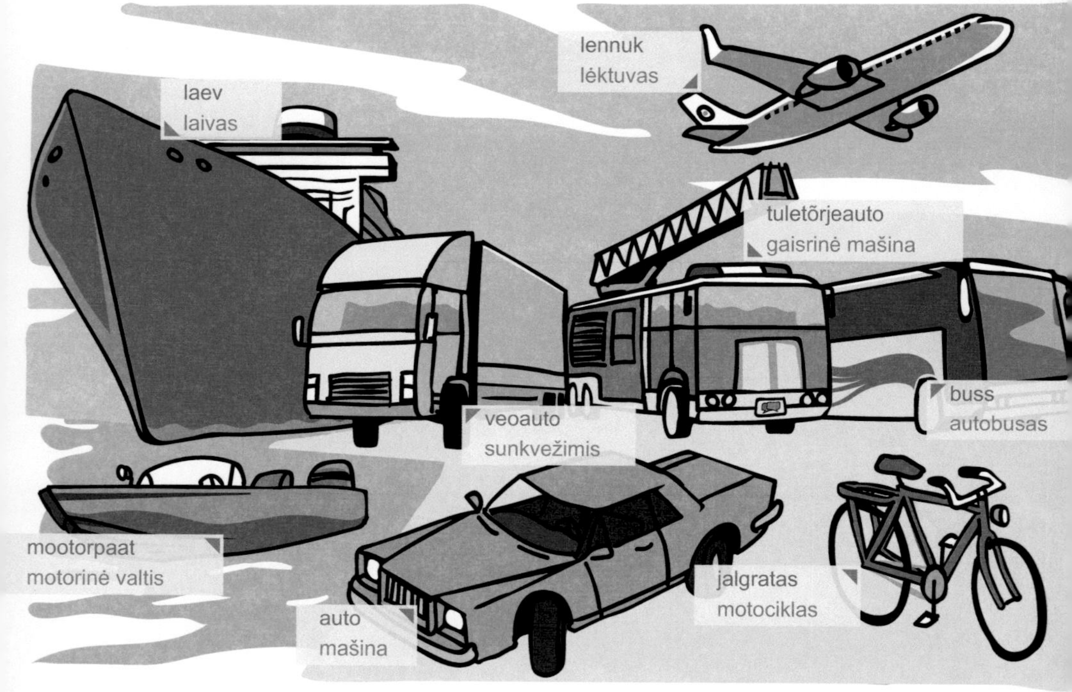
lennuk
lėktuvas
laev
laivas
tuletõrjeauto
gaisrinė mašina
buss
autobusas
veoauto
sunkvežimis
mootorpaat
motorinė valtis
jalgratas
motociklas
auto
mašina

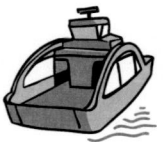

praam
keltas

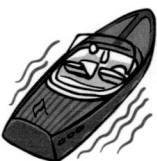

paat
valtis

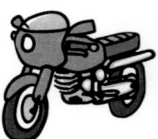

mootorratas
mopedas

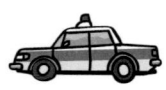

politseiauto
policijos automobilis

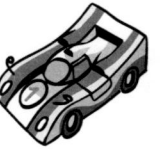

võidusõiduauto
lenktyninis automobilis

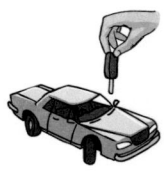

rendiauto
nuomojamas automobilis

ühisauto

bendras automobilio
naudojimas

puksiirauto

techninės pagalbos
automobilis

prügiauto

šiukšliavežė

mootor

variklis

kütus

degalai

tankla

degalinė

liiklusmärk

kelio ženklas

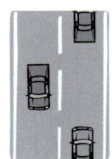

liiklus

eismas

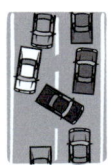

liiklusummik

eismo spūstis

parkla

mašinų stovėjimo aikštelė

raudteejaam

traukinių stotis

rööpad

bėgiai

rong

traukinys

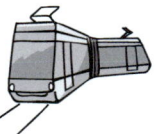

tramm

tramvajus

vagun

vagonas

helikopter

sraigtasparnis

lennujaam

oro uostas

torn

bokštas

reisija

keleivis

konteiner

konteineris

pappkast

dėžė

käru

vežimėlis

korv

krepšys

õhku tõusma / maanduma

pakilti / nusileisti

linn

miestas

küla

kaimas

kesklinn

miesto centras

maja

namas

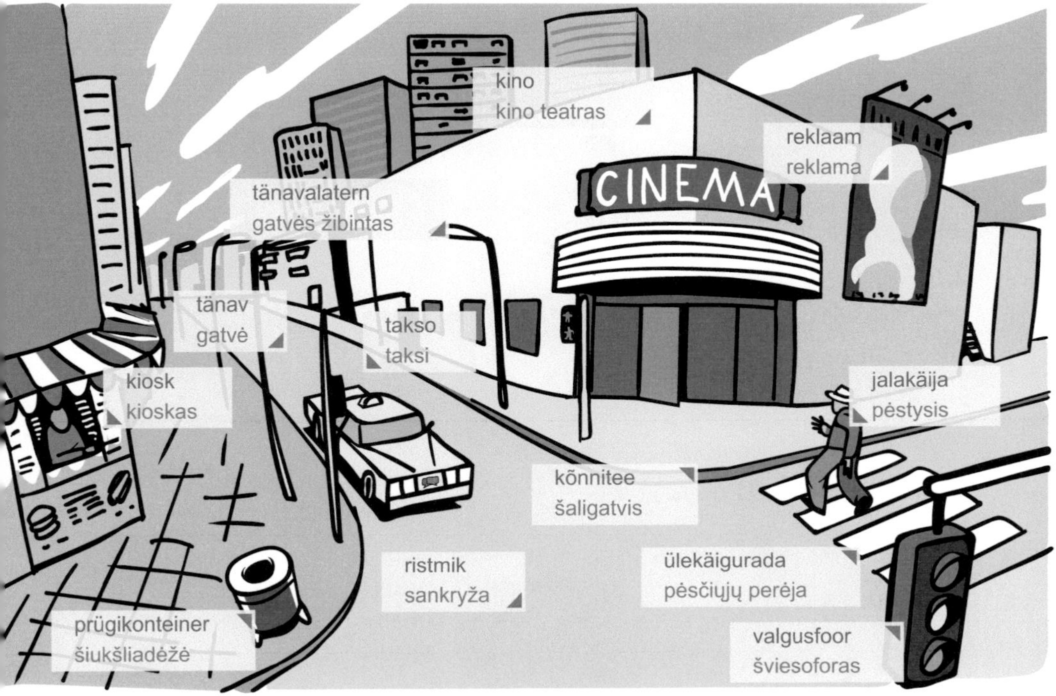

kino
kino teatras

reklaam
reklama

tänavalatern
gatvės žibintas

CINEMA

tänav
gatvė

takso
taksi

jalakäija
pėstysis

kiosk
kioskas

kõnnitee
šaligatvis

ristmik
sankryža

ülekäigurada
pėsčiųjų perėja

prügikonteiner
šiukšliadėžė

valgusfoor
šviesoforas

osmik

trobelė

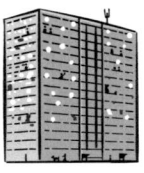

kortermaja

butas

raudteejaam

traukinių stotis

raekoda

rotušė

muuseum

muziejus

kool

mokykla

ülikool

universitetas

pank

bankas

haigla

ligoninė

hotell

viešbutis

apteek

vaistinė

kontor

biuras

raamatupood

knygynas

kauplus

parduotuvė

lillepood

gėlių parduotuvė

supermarket

prekybos centras

turg

turgus

kaubamaja

universalinė parduotuvė

kalapood

žuvies parduotuvė

kaubanduskeskus

prekybos centras

sadam

uostas

park

parkas

pink

suoliukas

sild

tiltas

trepp

laiptai

metroo

metro

tunnel

tunelis

bussipeatus

autobusų stotelė

baar

baras

restoran

restoranas

postkast

lauko pašto dėžutė

tänavasilt

kelio ženklas

parkimisautomaat

parkomatas

loomaaed

zoologijos sodas

ujula

baseinas

mošee

mečetė

talu

ūkininko ūkis

reostus

tarša

surnuaed

kapinės

kirik

bažnyčia

mänguväljak

žaidimų aikštelė

tempel

šventykla

maastik
kraštovaizdis

leht
lapas

teeviit
kelio rodyklė

tee
kelias

aas
pieva

kivi
akmuo

matkaja
ėjikas

puu
medis

jõgi
upė

rohi
žolė

lill
gėlė

org

slėnis

mägi

kalva

järv

ežeras

mets

miškas

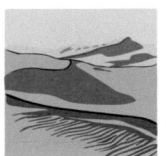

kõrb

dykuma

vulkaan

ugnikalnis

linnus

pilis

vikerkaar

vaivorykštė

seen

grybas

palm

palmė

sääsk

uodas

kärbes

musė

sipelgas

skruzdėlė

mesilane

bitė

ämblik

voras

maastik - kraštovaizdis

mardikas

vabalas

konn

varlė

orav

voverė

siil

ežys

jänes

kiškis

öökull

pelėda

lind

paukštis

luik

gulbė

metssiga

šernas

hirv

elnias

põder

briedis

pais

užtvanka

tuuleturbiin

vėjo jėgainė

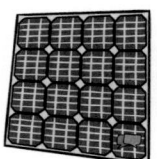

päikesepaneel

saulės baterija

kliima

klimatas

restoran

restoranas

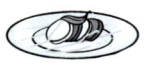

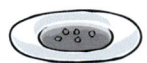

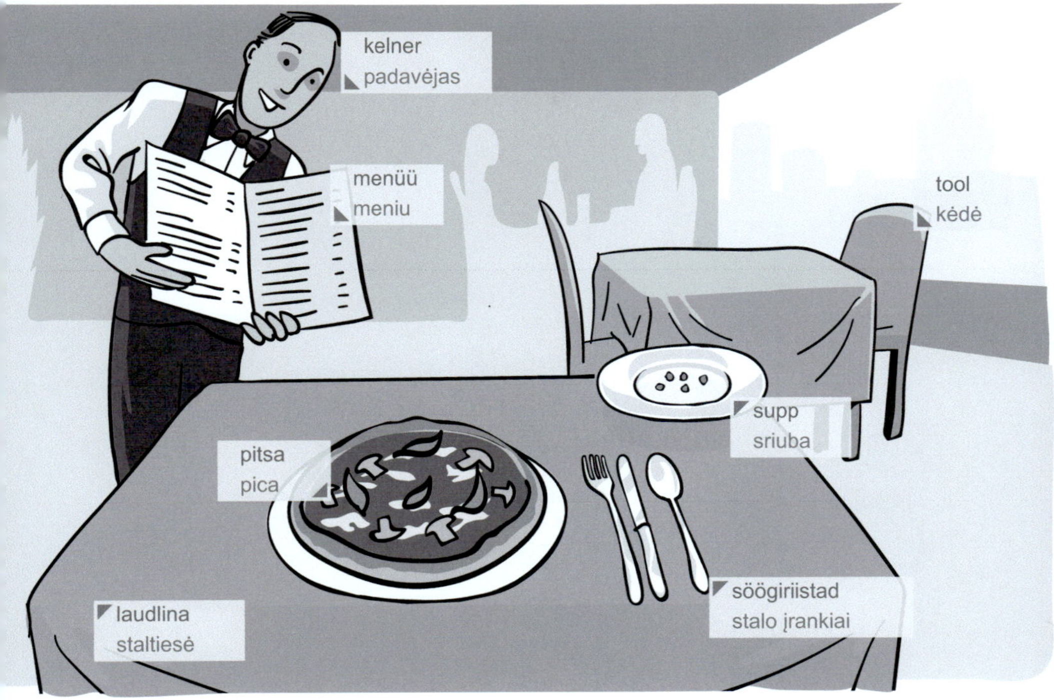
kelner
padavėjas
menüü
meniu
tool
kėdė
supp
sriuba
pitsa
pica
söögiriistad
stalo įrankiai
laudlina
staltiesė

eelroog

užkandis

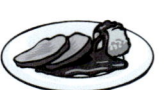

pearoog

pagrindinis patiekalas

magustoit

desertas

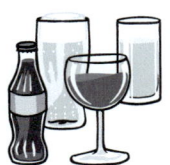

joogid

gėrimai

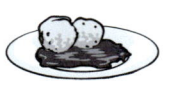

toit

maistas

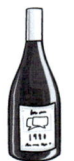

pudel

butelis

kiirtoit

greitai pateikiamas maistas

tänavatoit

gatvės maistas

teekann

arbatinukas

suhkrutoos

cukrinė

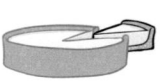

portsjon

porcija

espressomasin

espreso aparatas

lastetool

aukšta kėdė

arve

sąskaita

kandik

padėklas

nuga

peilis

kahvel

šakutė

lusikas

šaukštas

teelusikas

arbatinis šaukštelis

salvrätik

servetėlė

klaas

stiklinė

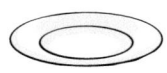

taldrik
lėkštė

supitaldrik
sriubos lėkštė

alustass
padėklas

kaste
padažas

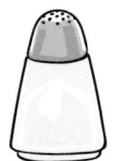

soolatoos
druskinė

pipraveski
pipirų malūnėlis

äädikas
actas

õli
aliejus

vürtsid
prieskoniai

ketšup
kečupas

sinep
garstyčios

majonees
majonezas

supermarket
prekybos centras

eripakkumine
specialus pasiūlymas
FOR
klient
pirkėjas
piimatooted
pieno produktai
puuviljad
vaisiai
ostukäru
troleibusas

BUTCHERS

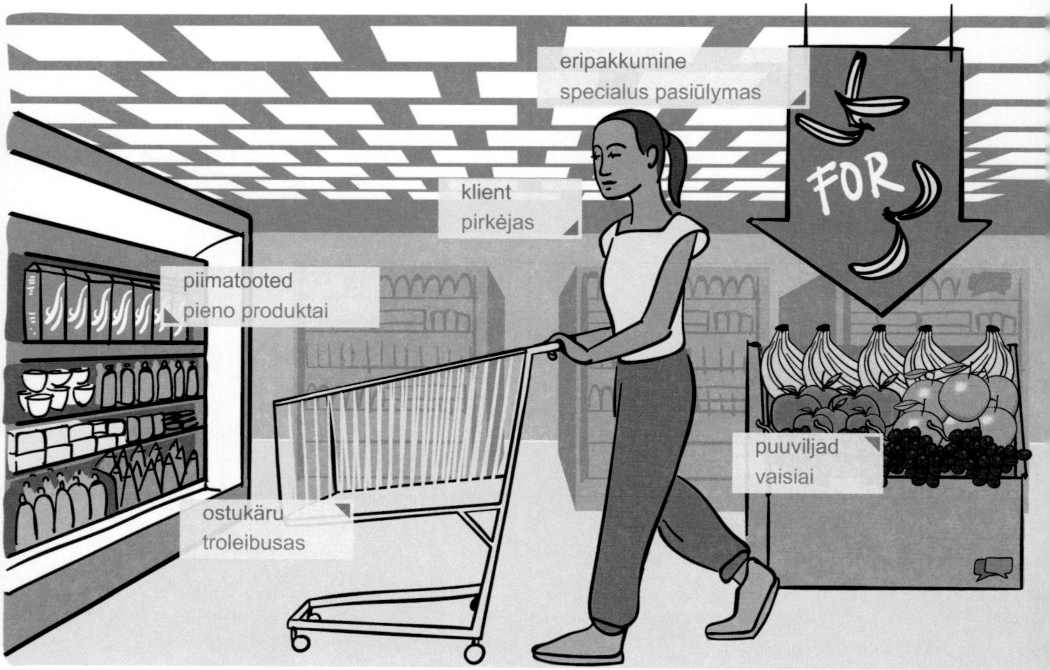

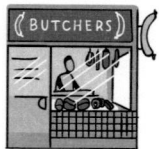

lihapood

mėsos parduotuvė

BAKERY

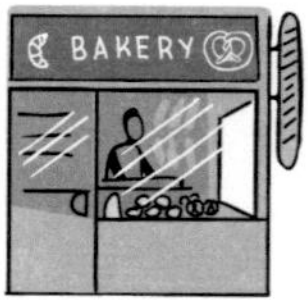

pagariäri

kepykla

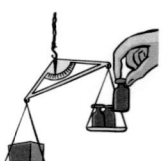

kaaluma

sverti

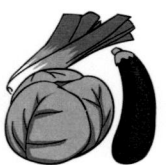

köögiviljad

daržovės

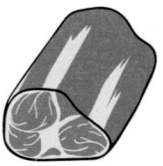

liha

mėsa

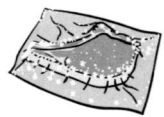

külmutatud toit

šaldytas maistas

lihalõigud

šalti mėsos užkandžiai

konservid

konservai

pesupulber

skalbimo milteliai

maiustused

saldumynai

majatarbed

ūkinės prekės

puhastustooted

valymo priemonės

müüja

pardavėja

kassaaparaat

kasos aparatas

kassapidaja

kasininkas

ostunimekiri

pirkinių sąrašas

lahtiolekuajad

darbo valandos

rahakott

piniginė

krediitkaart

kreditinė kortelė

kott

maišelis

kilekott

plastikinis maišelis

vesi

vanduo

mahl

sultys

piim

pienas

koola

kola

vein

vynas

õlu

alus

alkohol

alkoholis

kakao

kakava

tee

arbata

kohv

kava

espresso

espresas

cappuccino

kapučinas

banaan

bananas

õun

obuolys

apelsin

apelsinas

arbuus

arbūzas

sidrun

citrina

porgand

morka

küüslauk

česnakas

bambus

bambukas

sibul

svogūnas

seen

grybas

pähklid

riešutai

nuudlid

makaronai

spagetid

spagečiai

riis

ryžiai

salat

salotos

friikartulid

traškučiai

praekartulid

keptos bulvės

pitsa

pica

hamburger

mėsainis

võileib

sumuštinis

šnitsel

pjausnys

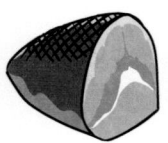

sink

kumpis

salaami

saliamis

vorst

dešrelė

kana

vištiena

praeliha

kepsnys

kala

žuvis

kaerahelbed

avižų dribsniai

müsli

dribsniai su priedais

maisihelbed

kukurūzų dribsniai

jahu

miltai

sarvesai

prancūziškasis ragelis

kukkel

bandelė

leib

duona

röstsai

skrebutis

küpsised

sausainiai

või

sviestas

kohupiim

varškė

kook

tortas

muna

kiaušinis

praemuna

kiaušinienė

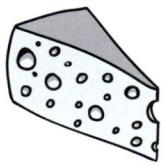

juust

sūris

jäätis

ledai

suhkur

cukrus

mesi

medus

moos

uogienė

pähklivõie

tepamas šokoladas

karri

karis

talu
ūkininko ūkis

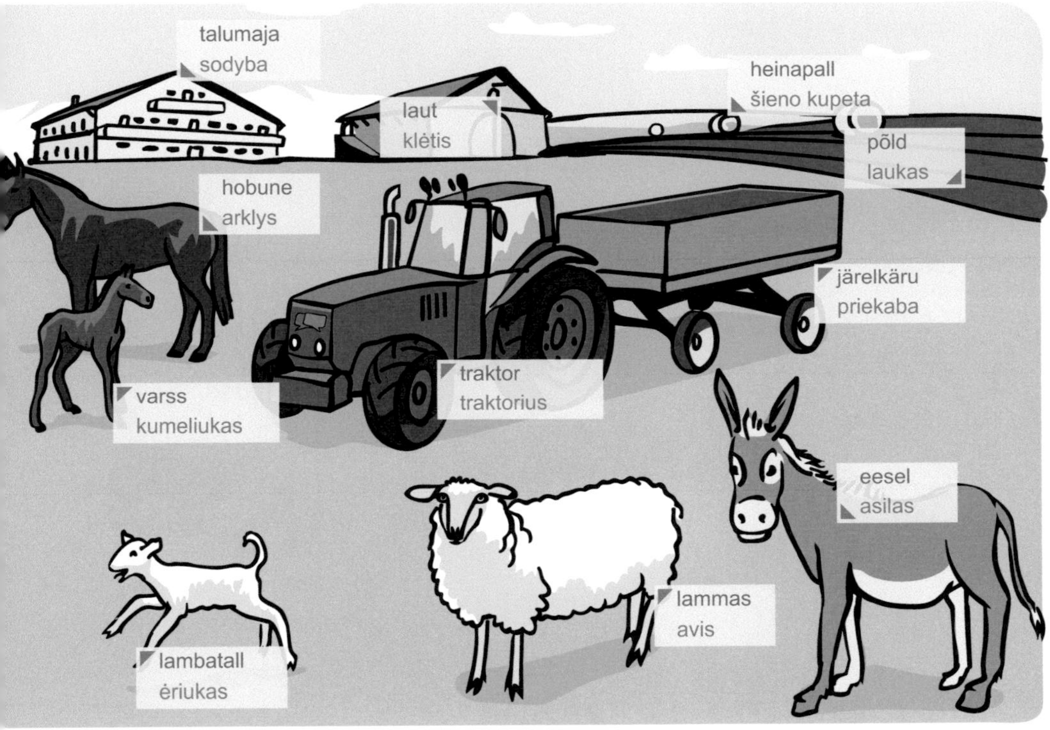
talumaja
sodyba
laut
klėtis
heinapall
šieno kupeta
põld
laukas
hobune
arklys
järelkäru
priekaba
traktor
traktorius
varss
kumeliukas
eesel
asilas
lammas
avis
lambatall
ėriukas

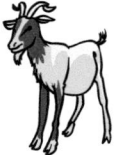

kits
ožys

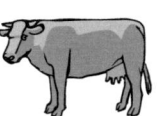

lehm
karvė

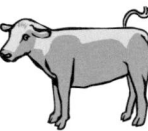

vasikas
veršis

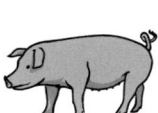

siga
kiaulė

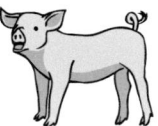

põrsas
paršelis

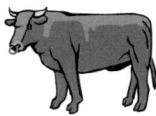

pull
bulius

hani

žąsis

part

antis

tibu

viščiukas

kana

višta

kukk

gaidys

rott

žiurkė

kass

katė

hiir

pelė

härg

jautis

koer

šuo

koerakuut

šuns būda

aiavoolik

sodo namas

kastekann

laistytuvas

vikat

dalgis

ader

plūgas

sirp

pjautuvas

kõblas

kauptukas

hang

šakės

kirves

kirvis

käru

statinė

küna

lovys

piimanõu

bidonas

kott

maišas

tara

tvora

tall

arklidė

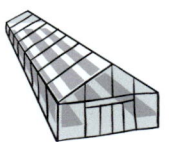

kasvuhoone

šiltnamis

muld

dirva

seeme

sėkla

väetis

trąšos

kombain

kombainas

saaki koristama

rinkti

saagikoristus

derlius

jamss

saldžiosios bulvės

nisu

kviečiai

soja

soja

kartul

bulvė

mais

kukurūzai

raps

rapsai

viljapuu

vaismedis

maniokk

manijokas

teravili

grūdai

maja
namas

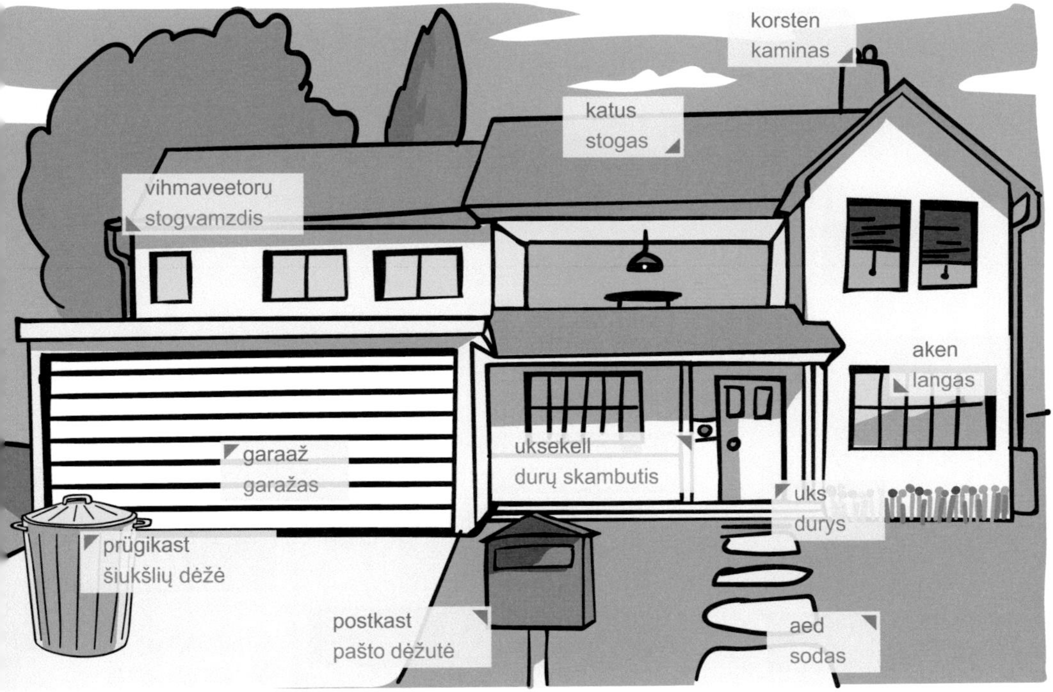
korsten
kaminas
katus
stogas
vihmaveetoru
stogvamzdis
aken
langas
garaaž
garažas
uksekell
durų skambutis
uks
durys
prügikast
šiukšlių dėžė
postkast
pašto dėžutė
aed
sodas

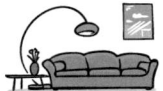

elutuba

svetainė

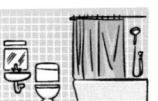

vannituba

vonios kambarys

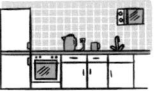

köök

virtuvė

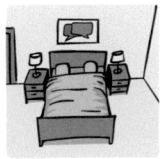

magamistuba

miegamasis

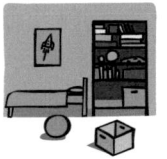

lastetuba

vaiko kambarys

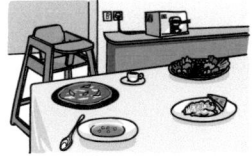

söögituba

valgomasis

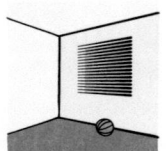

põrand

grindys

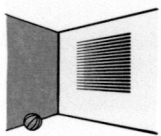

sein

siena

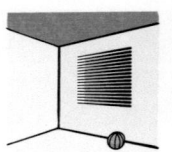

lagi

lubos

kelder

rūsys

saun

sauna

rõdu

balkonas

terrass

terasa

bassein

baseinas

muruniiduk

žoliapjovė

voodilina

paklodė

päevatekk

lovatiesė

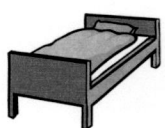

voodi

lova

luud

šluota

ämber

kibiras

lüliti

jungiklis

elutuba
svetainė

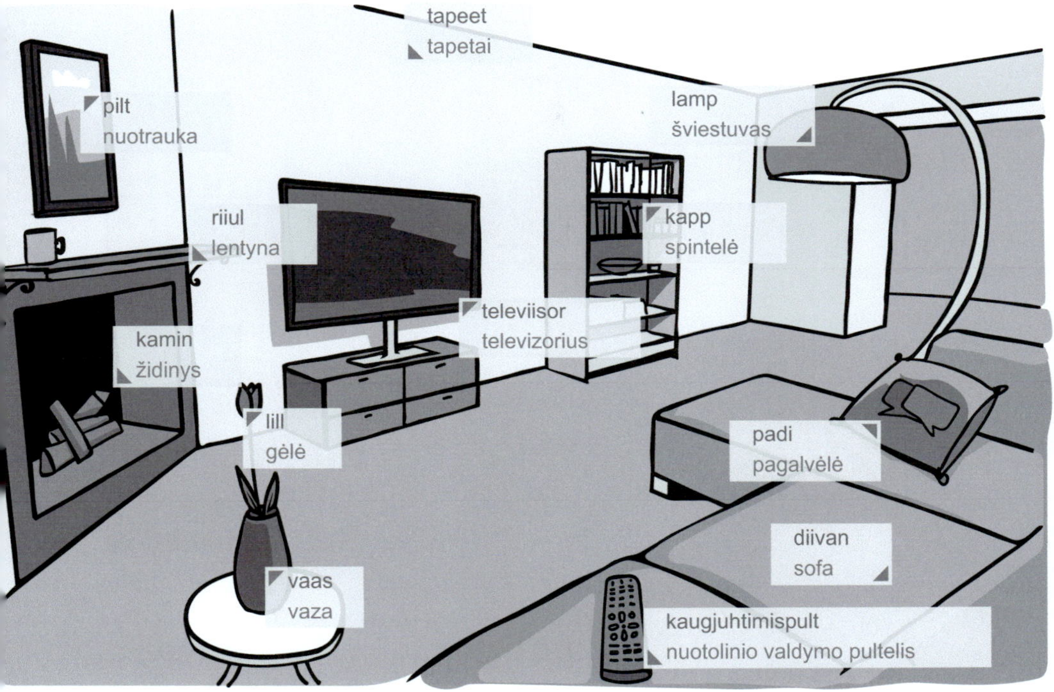

tapeet
tapetai
pilt
nuotrauka
lamp
šviestuvas
riiul
lentyna
kapp
spintelė
televiisor
televizorius
kamin
židinys
lill
gėlė
padi
pagalvėlė
diivan
sofa
vaas
vaza
kaugjuhtimispult
nuotolinio valdymo pultelis

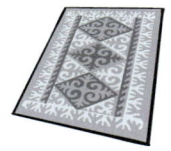

vaip

kilimas

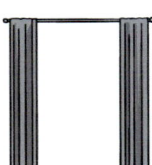

kardin

užuolaida

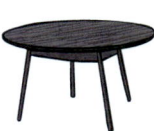

laud

stalas

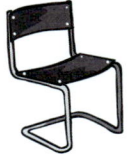

tool

kėdė

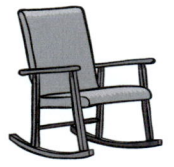

kiiktool

supamasis krėslas

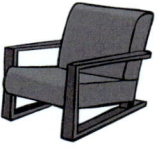

tugitool

fotelis

raamat

knyga

tekk

antklodė

kaunistus

papuošimai

küttepuud

malkos

film

filmas

helisüsteem

stereo aparatūra

võti

raktas

ajaleht

laikraštis

maal

paveikslas

plakat

plakatas

raadio

radijas

märkmik

užrašų knygelė

tolmuimeja

dulkių siurblys

kaktus

kaktusas

küünal

žvakė

köök
virtuvė

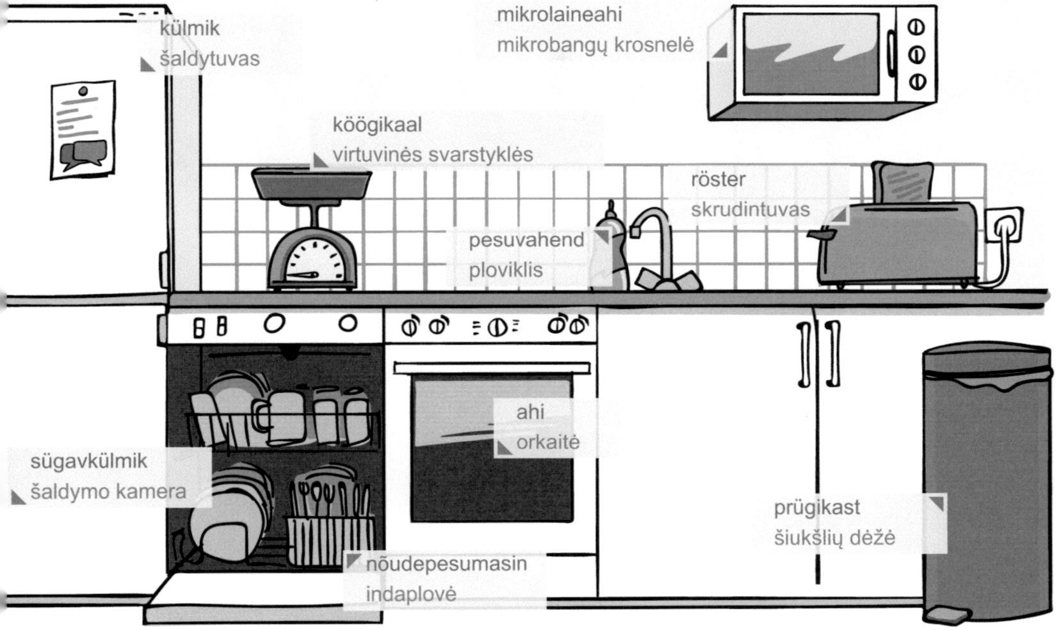

külmik
šaldytuvas
mikrolaineahi
mikrobangų krosnelė
köögikaal
virtuvinės svarstyklės
röster
skrudintuvas
pesuvahend
ploviklis
ahi
orkaitė
sügavkülmik
šaldymo kamera
prügikast
šiukšlių dėžė
nõudepesumasin
indaplovė

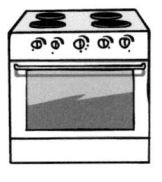

pliit
viryklė

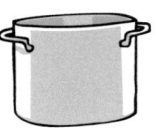

pott
puodas

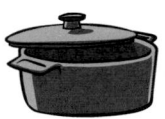

malmpott
ketaus puodas

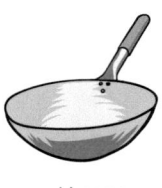

vokkpann
„wok“ keptuvė

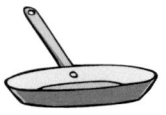

pann
keptuvė

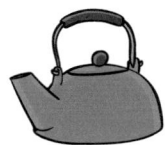

veekeetja
virdulys

aurutaja

garų puodas

küpsetusplaat

kepimo skarda

lauanõud

porceliano indai

kruus

puodelis

kauss

dubuo

söögipulgad

valgomosios lazdelės

kulp

samtis

pannilabidas

mentelė

vispel

plaktuvas

kurn

koštuvas

sõel

sietas

riiv

trintuvė

uhmer

grūstuvė

grill

kepsninė

lahtine tuli

atvira liepsna

lõikelaud
....
pjaustymo lentelė

tainarull
....
kočėlas

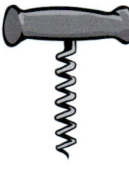

korgitser
....
kamščiatraukis

konservipurk
....
skardinė

konserviavaja
....
skardinių atidarytuvas

pajakinnas
....
puodkėlė

kraanikauss
....
kriauklė

hari
....
šepetys

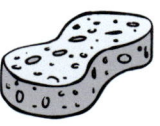

pesukäsn
....
kempinė

kannmikser
....
trintuvas

sügavkülmuti
....
šaldiklis

lutipudel
....
kūdikių buteliukas

segisti
....
čiaupas

vannituba

vonios kambarys

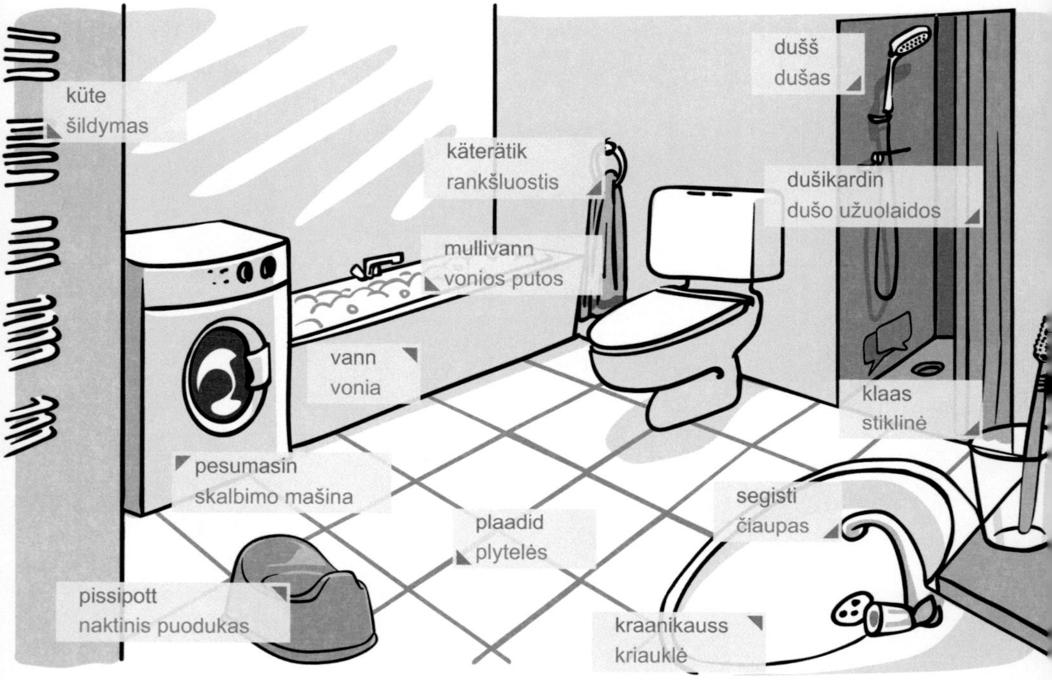
küte
šildymas
käterätik
rankšluostis
mullivann
vonios putos
dušš
dušas
dušikardin
dušo užuolaidos
vann
vonia
klaas
stiklinė
pesumasin
skalbimo mašina
segisti
čiaupas
plaadid
plytelės
pissipott
naktinis puodukas
kraanikauss
kriauklė

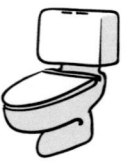

WC-pott

unitazas

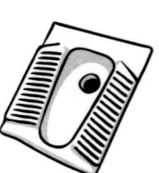

kükitamistualett

tupimasis unitazas

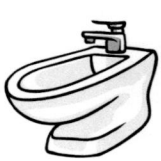

bidee

bidė

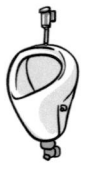

pissuaar

pisuaras

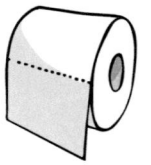

tualettpaber

tualetinis popierius

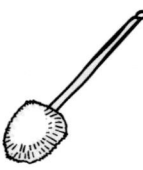

WC-hari

unitazo šepetys

hambahari

dantų šepetėlis

hambapasta

dantų pasta

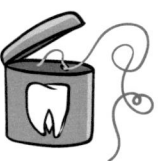

hambaniit

dantų siūlas

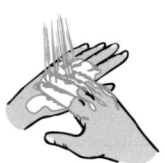

pesema

plauti

käsidušš

dušo galvutė

intiimdušš

higieninis dušas

pesukauss

praustuvas

seljahari

nugaros plaušinė

seep

muilas

dušigeel

dušo želė

šampoon

šampūnas

vamm

plaušinė

äravool

kanalizacija

kreem

kremas

deodorant

dezodorantas

peegel

veidrodis

käsipeegel

veidrodėlis

habemenuga

skustuvas

raseerimisvaht

skutimosi putos

habemevesi

losjonas po skutimosi

kamm

šukos

hari

šepetys

föön

plaukų džiovintuvas

juukselakk

plaukų lakas

meigikomplekt

makiažas

huulepulk

lūpdažis

küünelakk

nagų lakas

vatt

vata

küünekäärid

žirklutės nagams

parfüüm

kvepalai

tualett-tarvete kott
....
maišelis skalbiniams

taburet
....
taburetė

kaal
....
svarstyklės

hommikumantel
....
chalatas

kummikindad
....
guminės pirštinės

tampoon
....
tamponas

hügieeniside
....
higieninis įklotas

keemiline tualett
....
biotualetas

lastetuba
vaiko kambarys

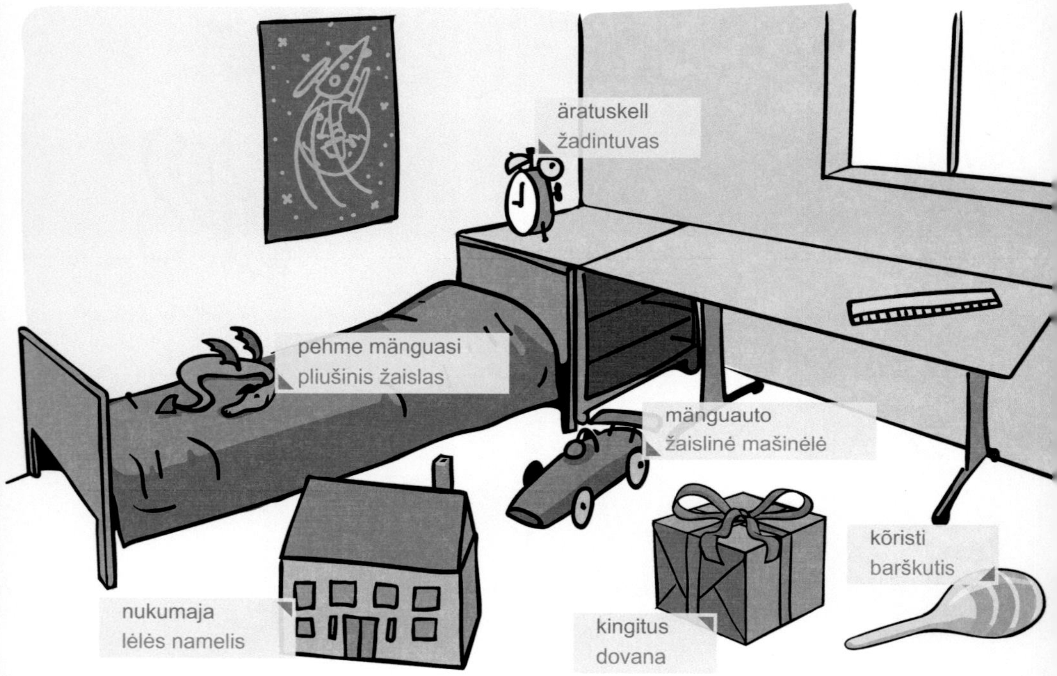
äratuskell
žadintuvas
pehme mänguasi
pliušinis žaislas
mänguauto
žaislinė mašinėlė
kõristi
barškutis
nukumaja
lėlės namelis
kingitus
dovana

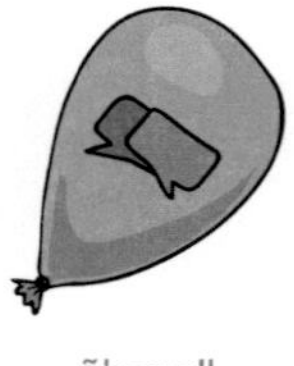

õhupall

balionas

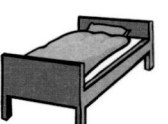

voodi

lova

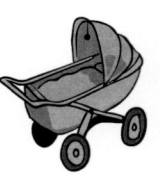

lapsevanker

vaikiškas vežimėlis

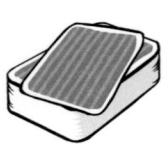

kaardipakk

kortų malka

pusle

delionė

SUPER
MEGA

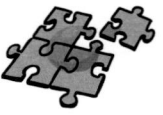

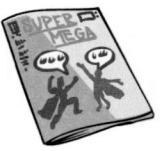

koomiks

komiksai

Lego klotsid

lego kaladėlės

klotsid

žaislinės kaladėlės

kujuke

figūrėlė

siputuspüksid

šliaužtinukai

lendav taldrik

mėtymo lėkštė

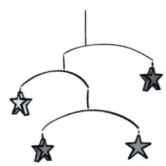

voodikarussell

karuselė

lauamäng

stalo žaidimas

täringud

kauliukai

mudelrong

žaislinis traukinys

lutt

žindukas

pidu

vakarėlis

pildiraamat

paveiksliukų knygelė

pall

kamuolys

nukk

lėlė

mängima

žaisti

liivakast

smėlio dėžė

kiik

sūpynės

mänguasjad

žaislai

mängukonsool

žaidimų konsolė

kolmerattaline jalgratas

triratukas

mängukaru

meškiukas

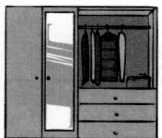

riidekapp

drabužių spinta

sokid

kojinės

sukad

kojinės virš kelių

sukkpüksid

pėdkelnės

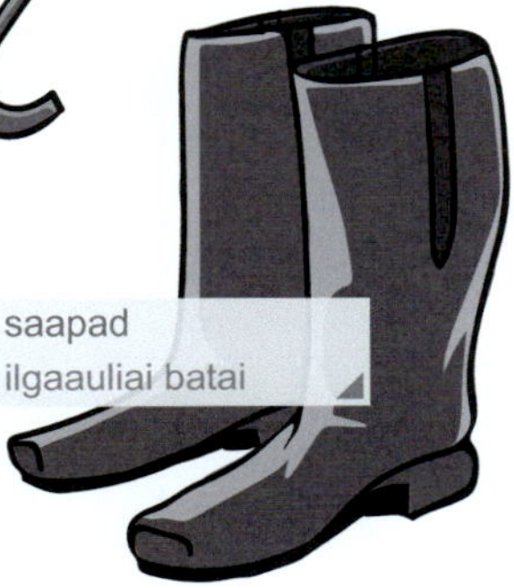

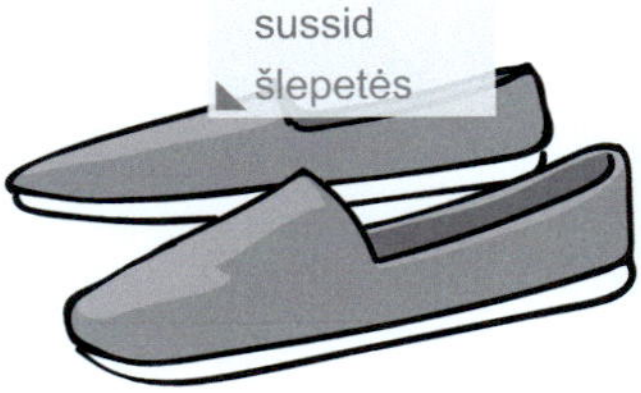

sall
šalikas

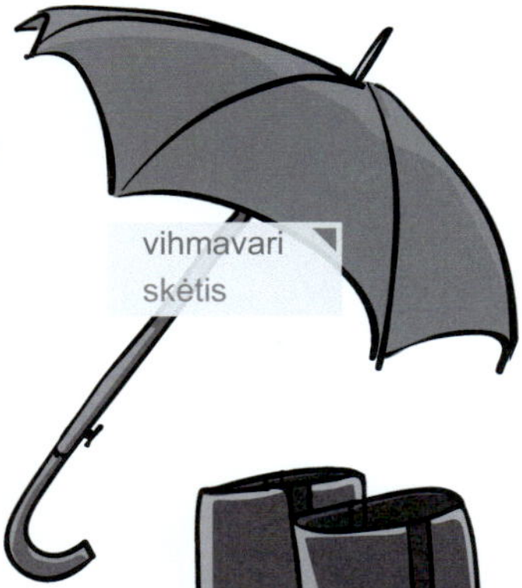

vihmavari
skėtis

vöö
diržas

T-särk
marškinėliai

saapad
ilgauliai batai

sussid
šlepetės

tossud
sportbačiai

sandaalid

sandalai

jalatsid

batai

kummikud

guminiai batai

aluspüksid

trumpikės

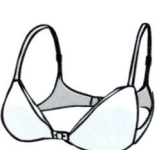

rinnahoidja

liemenėlė

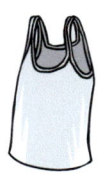

vest

liemenė

bodi

glaustinukė

pūksid

kelnės

teksapūksid

džinsai

seelik

sijonas

pluus

palaidinė

särk

marškiniai

sviiter

megztinis

dressipluus

megztinis su gobtuvu

bleiser

švarkelis

jakk

švarkas

mantel

paltas

vihmamantel

lietpaltis

kostüüm

kostiumas

kleit

suknelė

pulmakleit

vestuvinė suknelė

ülikond

kostiumas

öösärk

naktiniai marškiniai

pidžaama

pižama

sari

saris

pearätt

skarelė

turban

tiurbanas

burka

burka

kaftan

kaftanas

abayah

abaja

ujumistrikoo

maudymosi kostiumėlis

ujumispüksid

glaudės

lühikesed püksid

šortai

dressid

sportinis kostiumas

põll

prijuostė

kindad

pirštinės

nööp
saga

prillid
akiniai

käevõru
apyrankė

kaelakee
vėrinys

sõrmus
žiedas

kõrvarõngas
auskaras

nokamüts
kepurė

riidepuu
pakabas

kaabu
skrybėlė

lips
kaklaraištis

tõmblukk
užtrauktukas

kiiver
šalmas

traksid
breketai

koolivorm
mokyklinė uniforma

vormirõivad
uniforma

pudipõll
....
seilinukas

lutt
....
žindukas

mähe
....
vystyklai

kontor

biuras

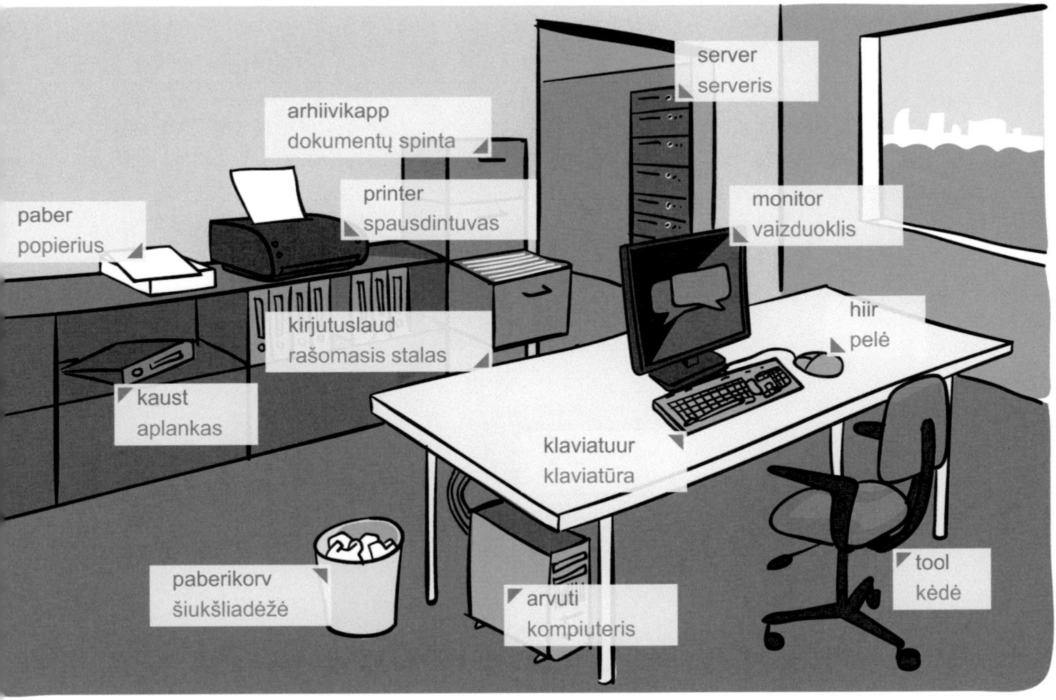

server
serveris

arhiivikapp
dokumentų spinta

printer
spausdintuvas

monitor
vaizduoklis

paber
popierius

hiir
pelé

kirjutuslaud
rašomasis stalas

kaust
aplankas

klaviatuur
klaviatūra

paberikorv
šiukšliadėžė

arvuti
kompiuteris

tool
kėdė

kohvikruus
....
kavos puodelis

kalkulaator
....
kalkuliatorius

internet
....
internetas

sülearvuti

nešiojamasis kompiuteris

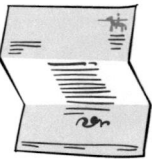

kiri

laiškas

sõnum

žinutė

mobiiltelefon

mobilusis telefonas

võrk

tinklas

koopiamasin

fotokopijavimo aparatas

tarkvara

programinė įranga

telefon

telefonas

pistikupesa

kištukinis lizdas

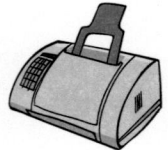

faksimasin

faksas

vorm

forma

dokument

dokumentas

ostma

pirkti

maksma

mokėti

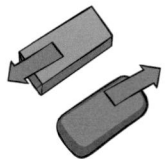

vahetama

prekiauti

raha

pinigai

dollar

doleris

euro

euras

jeen

jena

rubla

rublis

Šveitsi frank

Šveicarijos frankas

renminbi jüaan

juanis

ruupia

rupija

sularahaautomaat

bankomatas

valuutavahetuspunkt

valiutos keitykla

kuld

auksas

hõbe

sidabras

nafta

nafta

energia

energija

hind

kaina

leping

sutartis

maks

mokestis

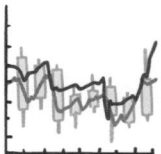

aktsia

akcijos

töötama

dirbti

töötaja

darbuotojas

tööandja

darbdavys

tehas

gamykla

kauplus

parduotuvė

ametid
profesijos

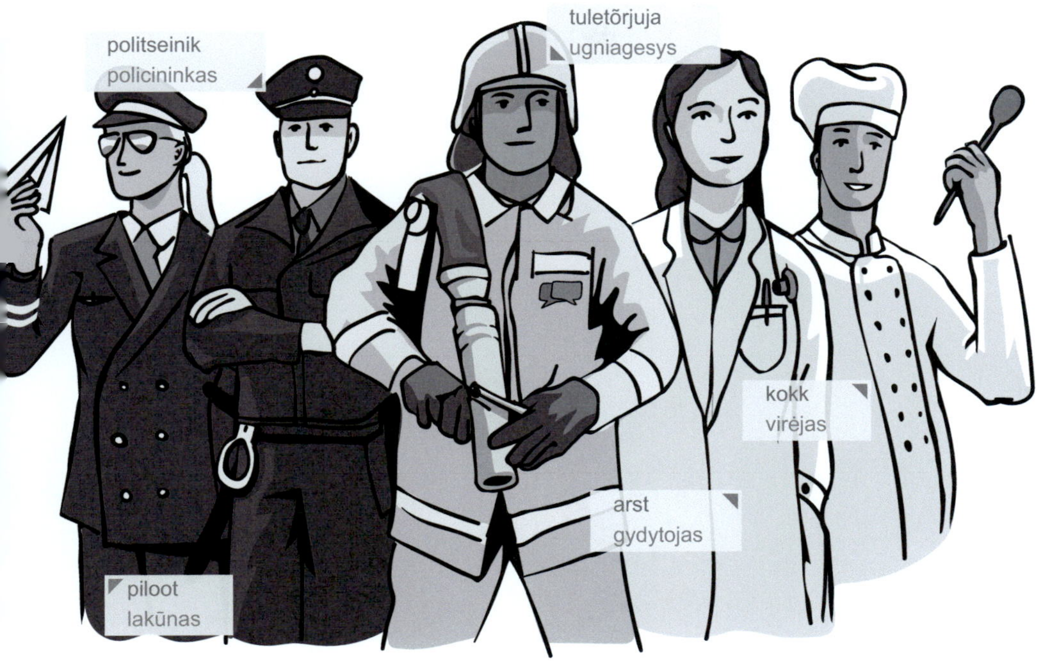
politseinik
policininkas
tuletõrjuja
ugniagesys
kokk
virėjas
arst
gydytojas
piloot
lakūnas

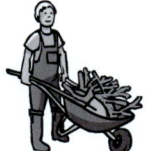

aednik

sodininkas

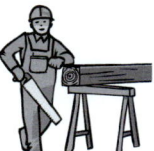

puusepp

stalius

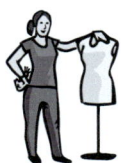

õmbleja

siuvėja

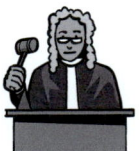

kohtunik

teisėjas

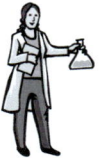

keemik

chemikas

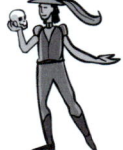

näitleja

aktorius

bussijuht

autobuso vairuotojas

taksojuht

taksi vairuotojas

kalamees

žvejys

koristaja

valytoja

katusepaigaldaja

stogdengys

kelner

padavėjas

jahimees

medžiotojas

maaler

dailininkas

pagar

kepėjas

elektrik

elektrikas

ehitaja

statybininkas

insener

inžinierius

lihunik

mėsininkas

torumees

santechnikas

postiljon

paštininkas

sõdur

kareivis

arhitekt

architektas

kassapidaja

kasininkas

lillemüüja

gėlininkas

juuksur

kirpėjas

piletikontrolör

konduktorius

mehaanik

mechanikas

kapten

kapitonas

hambaarst

odontologas

teadlane

mokslininkas

rabi

rabinas

imaam

imamas

munk

vienuolis

preester

kunigas

tööriistad

įrankiai

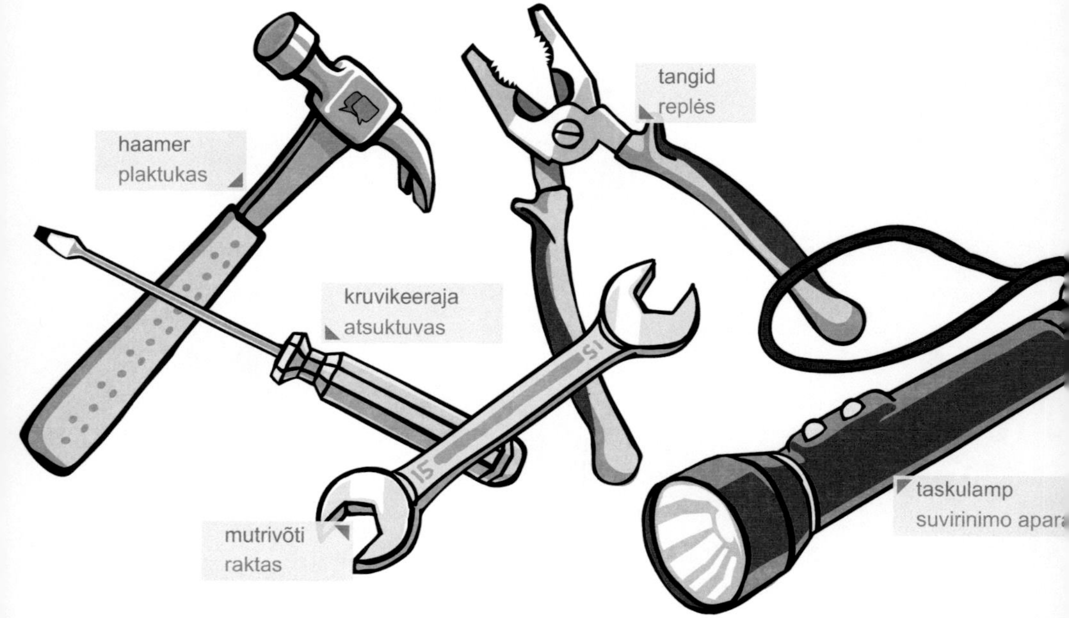

haamer
plaktukas
tangid
replės
kruvikeeraja
atsuktuvas
mutrivõti
raktas
taskulamp
suvirinimo apar

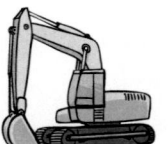

ekskavaator
ekskavatorius

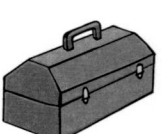

tööriistakast
įrankių dėžė

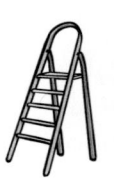

redel
kopėčios

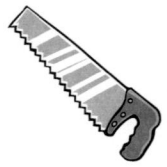

saag
pjūklas

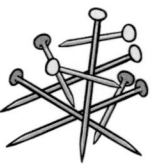

naelad
vinys

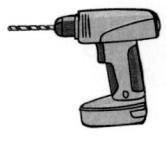

trell
grąžtas

parandama

taisyti

labidas

kastuvas

Põrgusse!

Velniava!

kühvel

semtuvėlis

värvipott

dažų skardinė

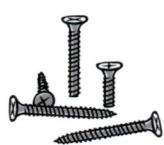

kruvid

varžtai

pillid
muzikos instrumentai

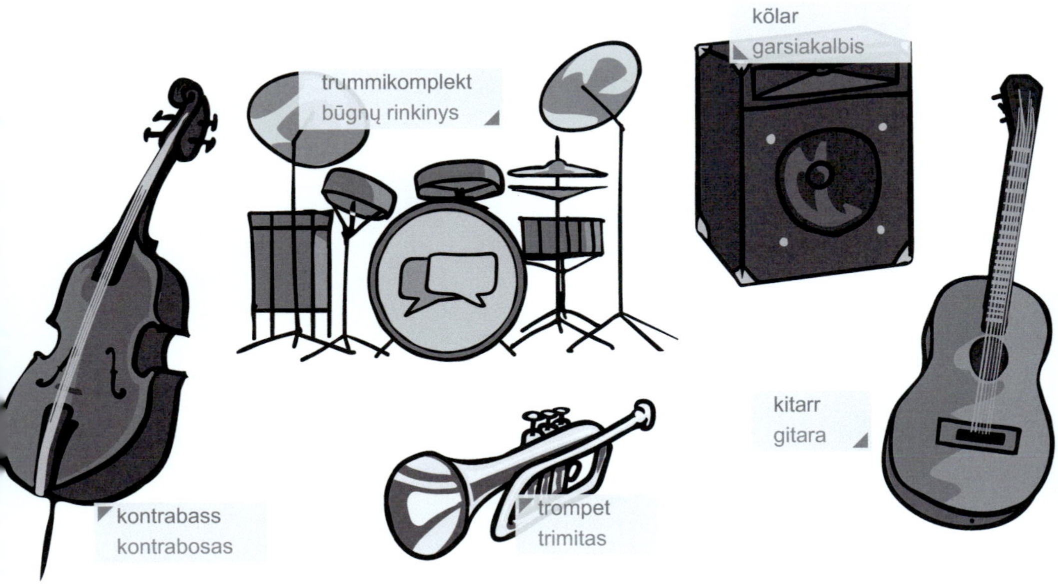

trummikomplekt
būgnų rinkinys

kõlar
garsiakalbis

kitarr
gitara

kontrabass
kontrabosas

trompet
trimitas

klaver

pianinas

viiul

smuikas

bass

bosinė gitara

timpan

timpanas

trummid

būgnai

süntesaator

sintezatorius

saksofon

saksofonas

flööt

fleita

mikrofon

mikrofonas

loomaaed

zoologijos sodas

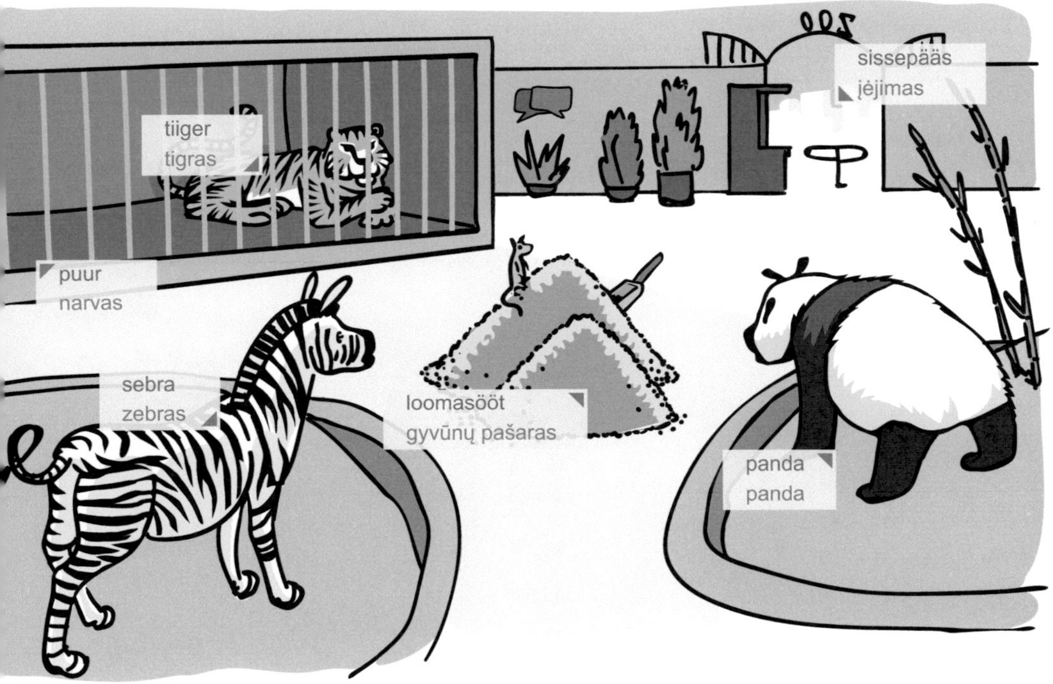

sissepääs
įėjimas
tiiger
tigras
puur
narvas
sebra
zebras
loomasööt
gyvūnų pašaras
panda
panda

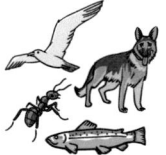

loomad
gyvūnai

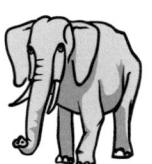

elevant
dramblys

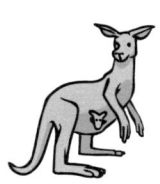

känguru
kengūra

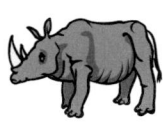

ninasarvik
raganosis

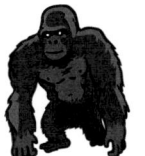

gorilla
gorila

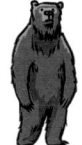

karu
meška

kaamel

kupranugaris

jaanalind

strutis

lõvi

liūtas

ahv

beždžionė

flamingo

flamingas

papagoi

papūga

jääkaru

baltoji meška

pingviin

pingvinas

hai

ryklys

paabulind

povas

madu

gyvatė

krokodill

krokodilas

loomaaiatalitaja

zoologijos sodo prižiūrėtojas

hüljes

ruonis

jaaguar

jaguaras

poni

ponis

leopard

leopardas

jõehobu

begemotas

kaelkirjak

žirafa

kotkas

erelis

metssiga

šernas

kala

žuvis

kilpkonn

vėžlys

morsk

vėplys

rebane

lapė

gasell

gazelė

Ameerika jalgpall
amerikietiškas futbolas

jalgrattasõit
dviračių sportas

tennis
tenisas

korvpall
krepšinis

ujumine
plaukimas

jäähoki
ledo ritulys

poksimine
boksas

jalgpall
....
futbolas

sulgpall
....
badmintonas

kergejõustik
....
atletika

käsipall
....
rankinis

suusatamine
....
slidinėjimas

polo
....
polas

naerma
juoktis

hüppama
šokinėti

kallistama
apkabinti

jalutama
vaikščioti

laulma
dainuoti

unistama
svajoti

palvetama
melstis

suudlema
bučiuoti

kirjutama
rašyti

joonistama
piešti

näitama
rodyti

lükkama
stumti

andma
duoti

võtma
imti

omama

turėti

tegema

daryti

olema

būti

seisma

stovėti

jooksma

bėgti

tõmbama

traukti

viskama

mesti

kukkuma

kristi

lamama

meluoti

ootama

laukti

kandma

nešti

istuma

sėdėti

riidesse panema

rengtis

magama

miegoti

ärkama

pabusti

vaatama

žiūrėti

nutma

verkti

paitama

glostyti

kammima

šukuoti

rääkima

kalbėti

aru saama

suprasti

küsima

paklausti

kuulama

klausytis

jooma

gerti

sööma

valgyti

korrastama

tvarkytis

armastama

mylėti

süüa tegema

gaminti

sõitma

vairuoti

lendama

skristi

purjetama

buriuoti

arvutama

skaičiuoti

lugema

skaityti

õppima

mokytis

töötama

dirbti

abielluma

vesti

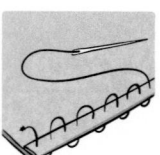

õmblema

siūti

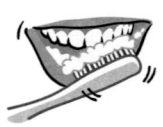

hambaid pesema

valytis dantis

tapma

žudyti

suitsetama

rūkyti

saatma

siųsti

66   tegevused - užsiėmimai

perekond
šeima

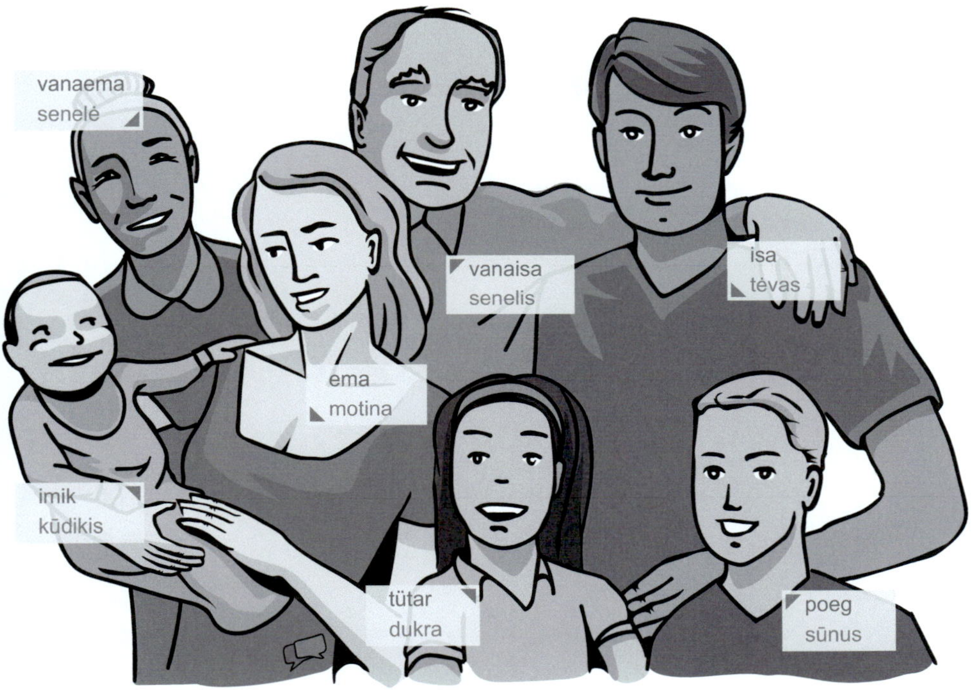
vanaema
senelė
vanaisa
senelis
isa
tėvas
ema
motina
imik
kūdikis
tütar
dukra
poeg
sūnus

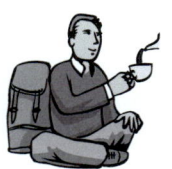

külaline

svečias

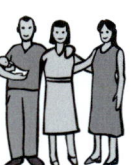

tädi

teta

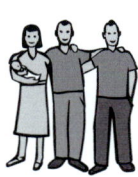

onu

dėdė

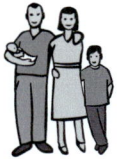

vend

brolis

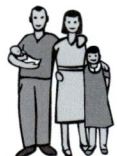

õde

sesuo

keha

kūnas

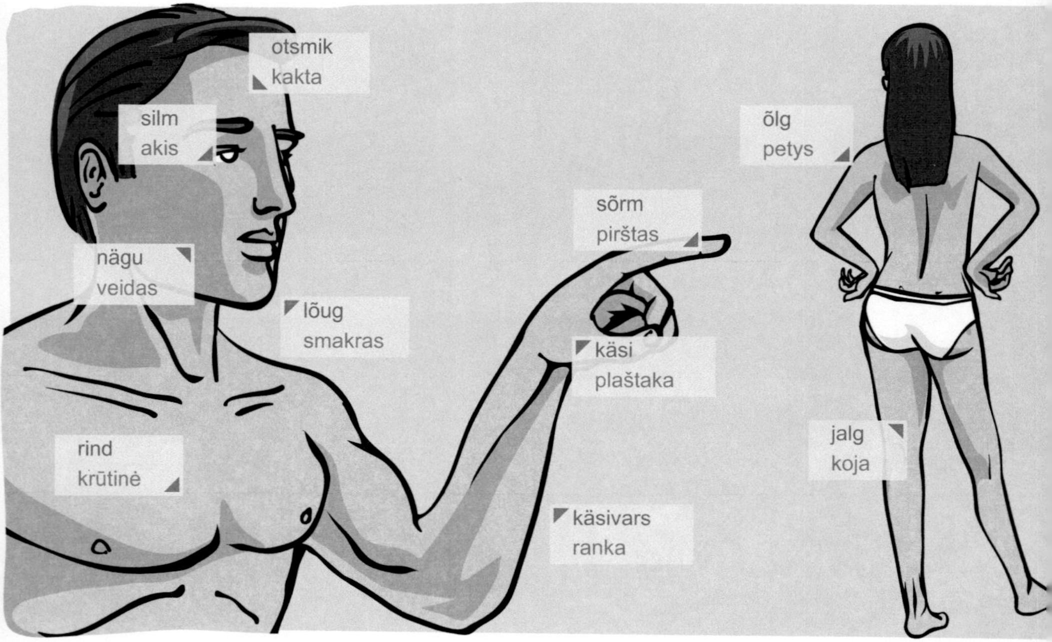

otsmik
kakta

silm
akis

nägu
veidas

lõug
smakras

rind
krūtinė

õlg
petys

sõrm
pirštas

käsi
plaštaka

jalg
koja

käsivars
ranka

imik
kūdikis

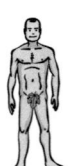

mees
vyras

naine
moteris

tüdruk
mergaitė

poiss
berniukas

pea
galva

selg

nugara

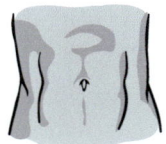

kõht

pilvas

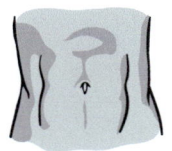

naba

bamba

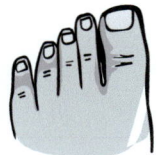

varvas

kojos pirštas

kand

kulnas

luu

kaulas

puus

klubas

põlv

kelis

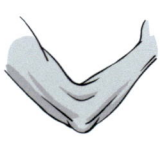

küünarnukk

alkūnė

nina

nosis

tagumik

sėdmenys

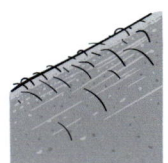

nahk

oda

põsk

skruostas

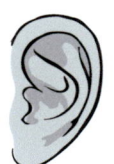

kõrv

ausis

huuled

lūpa

suu

burna

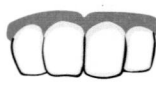

hammas

dantis

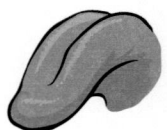

keel

liežuvis

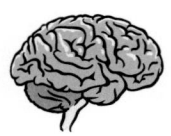

aju

smegenys

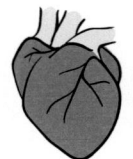

süda

širdis

lihas

raumuo

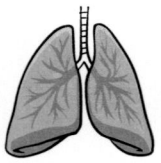

kops

plaučiai

maks

kepenys

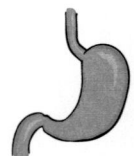

magu

skrandis

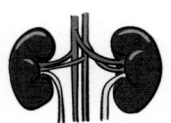

neerud

inkstai

seksuaalvahekord

seksas

kondoom

prezervatyvas

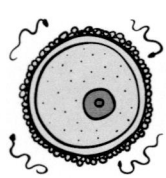

munarakk

kiaušialąstė

sperma

sperma

rasedus

nėštumas

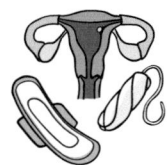

menstruatsioon

menstruacijos

vagiina

makštis

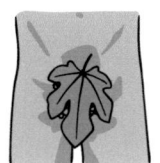

peenis

varpa

kulm

antakis

juuksed

plaukai

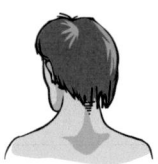

kael

kaklas

haigla
ligoninė

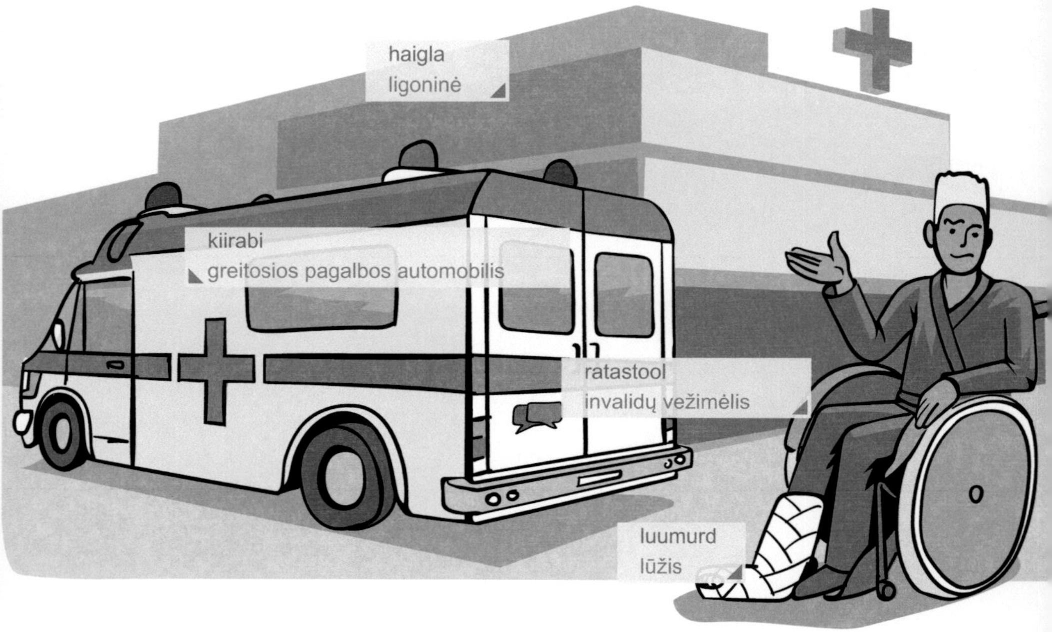

haigla
ligoninė
kiirabi
greitosios pagalbos automobilis
ratastool
invalidų vežimėlis
luumurd
lūžis

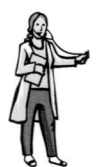

arst

gydytojas

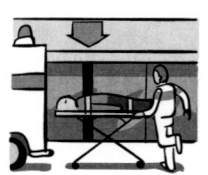

traumapunkt

skubios pagalbos skyrius

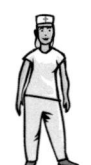

meditsiiniõde

slaugytoja

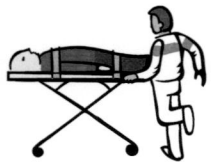

hädaolukord

nelaimingas atsitikimas

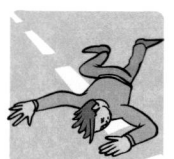

teadvuseta

be sąmonės

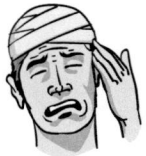

valu

skausmas

vigastus

sužalojimas

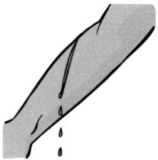

verejooks

kraujavimas

südamerabandus

širdies smūgis

insult

insultas

allergia

alergija

köha

kosulys

palavik

karščiavimas

gripp

gripas

kõhulahtisus

viduriavimas

peavalu

galvos skausmas

vähk

vėžys

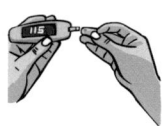

diabeet

diabetas

kirurg

chirurgas

skalpell

skalpelis

operatsioon

operacija

KT

KT

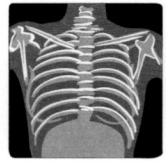

röntgen

rentgenas

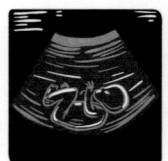

ultraheli

ultragarsas

mask

veido kaukė

haigus

liga

ooteruum

laukiamasis

kark

ramentas

kips

gipsas

side

tvarstis

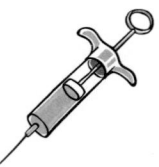

süst

injekcija

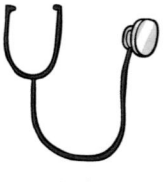

stetoskoop

stetoskopas

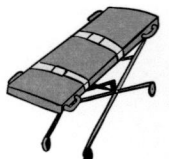

kanderaam

neštuvai

kraadiklaas

termometras

sünd

gimimas

ülekaaluline

antsvoris

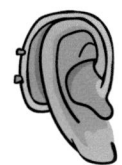

kuuldeaparaat

klausos aparatas

desinfektsioonivahend

dezinfekavimo priemonė

põletik

infekcija

viirus

virusas

HIV / AIDS

ŽIV / AIDS

meditsiin

vaistas

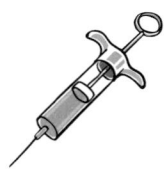

vaktsineerimine

skiepijimas

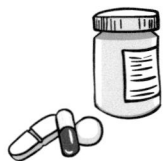

tabletid

tabletės

pill

piliulė

hädaabikõne

skubios pagalbos numeris

vererõhuaparaat

kraujospūdžio matuoklis

haige / terve

ligotas / sveikas

Appi!

Padėkite!

häire

pavojaus signalas

kallaletung

užpuolimas

rünnak

ataka

oht

pavojus

avariiväljapääs

avarinis išėjimas

Tulekahju!

Gaisras!

tulekustuti

gesintuvas

õnnetus

nelaimingas atsitikimas

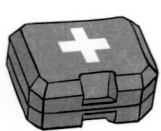

esmaabikomplekt

pirmosios pagalbos rinkinys

SOS

SOS

politsei

policija

Euroopa

Europa

Põhja-Ameerika

Šiaurės Amerika

Lõuna-Ameerika

Pietų Amerika

Aafrika

Afrika

Aasia

Azija

Austraalia

Australija

Atlandi ookean

Atlanto vandenynas

Vaikne ookean

Ramusis vandenynas

India ookean

Indijos vandenynas

Lõuna-Jäämeri

Pietų vandenynas

Põhja-Jäämeri

Arkties vandenynas

põhjapoolus

Šiaurės ašigalis

lõunapoolus
....
Pietų ašigalis

Antarktika
....
Antarktida

Maa
....
Žemė

maismaa
....
sausuma

meri
....
jūra

saar
....
sala

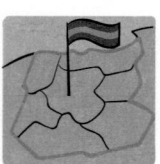

rahvus
....
tauta

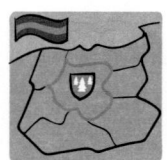

riik
....
valstybė

sihverplaat

ciferblatas

tunniosuti

valandinė rodyklė

minutiosuti

minutinė rodyklė

sekundiosuti

sekundinė rodyklė

Mis kell on?

Kiek valandų?

päev

diena

aeg

laikas

praegu

dabar

digitaalne kell

skaitmeninis laikrodis

minut

minutė

tund

valanda

nädal

savaitė

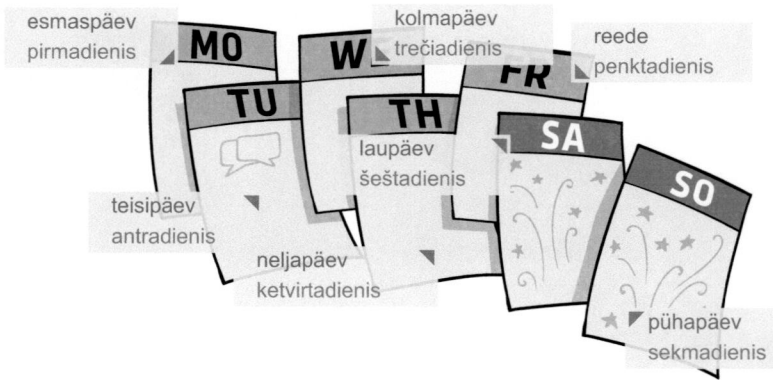

esmaspäev
pirmadienis

MO

kolmapäev
trečiadienis

W

reede
penktadienis

FR

TU

TH

laupäev
šeštadienis

SA

teisipäev
antradienis

neljapäev
ketvirtadienis

SO

pühapäev
sekmadienis

eile

vakar

täna

šiandien

homme

rytoj

hommik

rytas

lõuna

vidurdienis

õhtu

vakaras

MO	TU	WE	TH	FR	SA	SU
1	2	3	4	5	6	7
8	9	10	11	12	13	14
15	16	17	18	19	20	21
22	23	24	25	26	27	28
29	30	31	1	2	3	4

tööpäevad

darbo dienos

MO	TU	WE	TH	FR	SA	SU
1	2	3	4	5	6	7
8	9	10	11	12	13	14
15	16	17	18	19	20	21
22	23	24	25	26	27	28
29	30	31	1	2	3	4

nädalavahetus

savaitgalis

vihm
lietus

vikerkaar
vaivorykštė

lumi
sniegas

tuul
vėjas

kevad
pavasaris

sügis
ruduo

suvi
vasara

talv
žiema

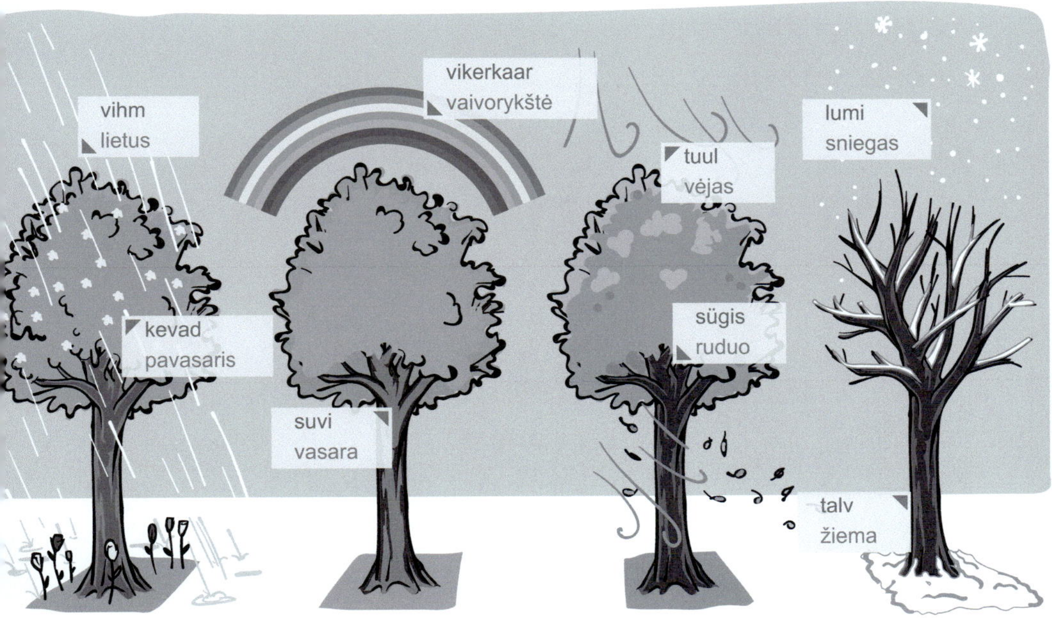

ilmaennustus
....
orų prognozė

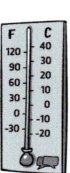

termomeeter
....
lauko termometras

päikesepaiste
....
saulės šviesa

pilv
....
debesis

udu
....
rūkas

niiskus
....
drėgmė

pikne

žaibas

kõu

griaustinis

torm

audra

rahe

kruša

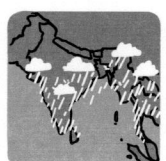

mussoon

musonas

üleujutus

potvynis

jää

ledas

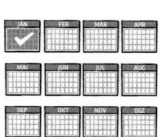

jaanuar

sausis

veebruar

vasaris

märts

kovas

aprill

balandis

mai

gegužė

juuni

birželis

juuli

liepa

august

rugpjūtis

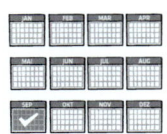

september

rugsėjis

oktoober

spalis

november

lapkritis

detsember

gruodis

kujundid
formos

ring

apskritimas

ruut

kvadratas

nelinurk

stačiakampis

kolmnurk

trikampis

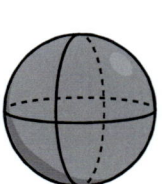

kera

sfera

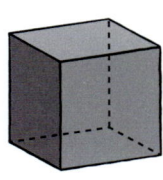

kuup

kubas

spalvos

valge
balta

kollane
geltona

oranž
oranžinė

roosa
rožinė

punane
raudona

lilla
violetinė

sinine
mėlyna

roheline
žalia

pruun
ruda

hall
pilka

must
juoda

priešingos reikšmės žodžiai

palju / vähe

daug / mažai

vihane / rahulik

piktas / ramus

ilus / inetu

gražus / bjaurus

algus / lõpp

pradžia / pabaiga

suur / väike

didelis / mažas

hele / tume

šviesus / tamsus

vend / õde

brolis / sesuo

puhas / must

švarus / purvinas

täielik / puudulik

užbaigtas / neužbaigtas

päev / öö

diena / naktis

surnud / elus

miręs / gyvas

lai / kitsas

platus / siauras

söödav / mittesöödav

valgomas / nevalgomas

kuri / sõbralik

piktas / malonus

põnevil / tüdinud

linksmas / nuobodus

paks / peenike

storas / plonas

esimene / viimane

pirmiausia / paskiausia

sõber / vaenlane

draugas / priešas

täis / tühi

pilnas / tuščias

kõva / pehme

kietas / minkštas

raske / kerge

sunkus / lengvas

nälg / janu

alkis / troškulys

haige / terve

ligotas / sveikas

ebaseaduslik / seaduslik

nelegalus / legalus

tark / rumal

protingas / kvailas

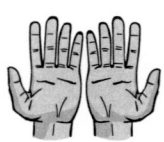

vasak / parem

kairė / dešinė

lähedal / kaugel

arti / toli

vastandid - priešingos reikšmės žodžiai

uus / kasutatud

naujas / naudotas

mitte midagi / midagi

niekas / kažkas

vana / noor

senas / jaunas

sees / väljas

įjungta / išjungta

lahti / kinni

atidaryta / uždaryta

vaikne / vali

tylus / garsus

rikas / vaene

turtingas / vargšas

õige / vale

teisus / neteisus

kare / sile

šiurkštus / švelnus

kurb / rõõmus

liūdnas / laimingas

lühike / pikk

trumpas / ilgas

aeglane / kiire

lėtas / greitas

märg / kuiv

drėgnas / sausas

soe / jahe

šiltas / šaltas

sõda / rahu

karas / taika

0

null
·················
nulis

1

üks
·················
vienas

2

kaks
·················
du

3

kolm
·················
trys

4

neli
·················
keturi

5

viis
·················
penki

6

kuus
·················
šeši

7

seitse
·················
septyni

8

kaheksa
·················
aštuoni

9

üheksa
·················
devyni

10

kümme
·················
dešimt

11

üksteist
·················
vienuolika

12

kaksteist

dvylika

13

kolmteist

trylika

14

neliteist

keturiolika

15

viisteist

penkiolika

16

kuusteist

šešiolika

17

seitseteist

septyniolika

18

kaheksateist

aštuoniolika

19

üheksateist

devyniolika

20

kakskümmend

dvidešimt

100

sada

šimtas

1.000

tuhat

tūkstantis

1.000.000

miljon

milijonas

inglise

anglų

Ameerika inglise

amerikiečių anglų

mandariini

kinų (mandarinų)

hindi

hindi

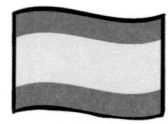

hispaania

ispanų

prantsuse

prancūzų

araabia

arabų

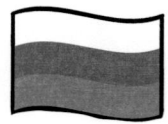

vene

rusų

portugali

portugalų

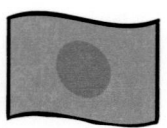

bengali

bengalų

saksa

vokiečių

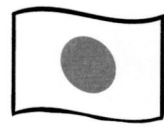

jaapani

japonų

mina

aš

sina

tu

tema

jis / ji

meie

mes

teie

jūs

nemad

jie

kes?

kas?

mis?

ką?

kuidas?

kaip?

kus?

kur?

millal?

kada?

nimi

vardas

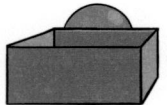

taga
------
už

sees
------
kur (vieta)

ees
------
priešais

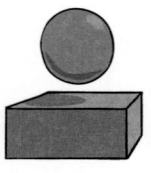

kohal
------
virš

peal
------
ant

all
------
po

kõrval
------
prie

vahel
------
tarp

koht
------
vieta